Recetario de
SOPAS
con sabor inglés

Selección de recetas populares
de la cocina británica

Diana Herrera

Copyright © 2015 Diana Herrera

Copyright © 2015 Editorial Imagen.

Córdoba, Argentina
Editorialimagen.com

All rights reserved.
Edición Corregida y Revisada, Noviembre 2015

Todos los derechos reservados. Ninguna parte de este libro puede ser reproducida por cualquier medio (incluido electrónico, mecánico u otro, como ser fotocopia, grabación o cualquier sistema de almacenamiento o reproducción de información) sin el permiso escrito del autor, a excepción de porciones breves citadas con fines de revisión.

Todas las imágenes en este libro (portada y fotos interiores) son usadas con permiso de: Avlxyz, Dear Barbie, Stu Spivack, Oldandsolo, Cajsa.lilliehook, Greencolander, Eekim, Herry Lawford, Bernt Rostad,

CATEGORÍA: Recetas de Cocina

Impreso en los Estados Unidos de América

ISBN-13:
ISBN-10:

:

ÍNDICE

Introducción 1
Para Obtener una Buena Presentación 3
Para Darle Color a las Sopas y Salsas 5
Croutons Para La Sopa 7
El Caldo 9
Recetas de Sopas 11

    Caldo de Ternera 13
    Caldo de Pollo 14
    Sopa de Cebada y Tomates 16
    Sopa de Tomates y Manzanas 17
    Una Buena Sopa de Lentejas 18
    Sopa de Maíz 19
    Sopa de Apio 21
    Sopa de Puré de Castañas 22
    Sopa Rápida 23
    Sopa de Riñones 24
    Sopa Juliana 26
    Sopa Mimosa 27
    Sopa Mulligatawny 29
    Sopa de Pescado 31
    Sopa de Almeja 32
    Sopa de Rabo 33

Sopa de Arvejas 35

Recetas de Sopas de Crema **37**

Receta Maestra para una Sopa Cremosa 39

Sopa Crema de Espárragos 41

Sopa de Crema de Maíz 42

Sopa Crema de Calabaza 43

Sopa Crema de Remolacha...45

Sopa Crema de Pimientos Rojos con Jengibre 46

Sopa Crema de Apio 48

Consomé de Crema de Lechuga 50

Sopa de Crema de Hongos 52

Sopa Crema de Cebolla 53

Sopa de Tomate..56

Sopa Reina Victoria 58

Sopa de Crema de Cebada 60

Más Libros de Interés **63**

Introducción

La sopa es un plato ideal por diversas razones.

La base de la sopa generalmente es un caldo - el agua en que se haya cocinado alguna carne, pescado o verduras - y este caldo queda saturado con todas las proteínas y nutrientes de aquellos alimentos usados. Por ello es un plato muy saludable.

La sopa es un plato muy fácil de elaborar. No presenta complicaciones en el momento de hacer este plato sustancioso. Tal vez por su sencillez no se le suele dar mucha importancia pero en realidad, por la gran cantidad de nutrientes que generalmente contiene, debería ser primero en la lista de beneficios para la salud.

La sopa es tan versátil que es un plato apetitoso a cualquier hora del día.

La sopa es fácil de digerir, por lo tanto es ideal para cualquier persona, en especial los niños, los mayores y aún los convalecientes.

La sopa, a menudo, no es un favorito con los niños pero si uno se empeña en presentar la sopa de forma atractiva es muy posible que cambien de idea, y especialmente cuando prueben lo sabroso que sabe. Esta es una buena oportunidad para probar tu creatividad. La sopa puede resultar más atractiva por su color o el contraste de color utilizado, por ejemplo, una sopa de color anaranjada adornada con una ramita de perejil verde. O les puede resultar divertido tomar la sopa si va acompañada de una tostada en forma de animal u otra forma original. Así, la sopa puede llegar a ser un plato regular dentro de las costumbres de la familia y hasta llegar a ser un plato favorito ¡o hasta imprescindible!

En la dieta inglesa también es importante la sopa. Es ideal al mediodía, en un día frío, como también para una cena liviana. En esta presentación te ofrecemos una variedad de recetas populares de la cocina británica. Estoy segura que las disfrutarás. ¡Ahora es un buen momento para empezar

Para Obtener una Buena Presentación

- Para que las sopas claras de verdura tengan bonita presentación puedes obtener un efecto atractivo utilizando un buen contraste con el uso de diferentes colores; por ejemplo, se puede cortar en cuadraditos las zanahorias naranjas con el nabo blanco y algunos guisantes (arvejas).

- Al servir las sopas espesas se puede obtener el color oscuro utilizando un poco de caramelo (quemar azúcar y agregarle agua). También se debe quitar la grasa.

- Al servir sopas blancas, se debe reducir el caldo y añadir crema fresca o a falta de crema, leche. La leche debe calentarse aparte pero no llegar a hervir.

Para Darle Color a las Sopas y Salsas

2 tazas de agua fría
2 cucharadas de achicoria bien oscura

Poner a hervir el agua y la achicoria. Dejar hervir 15 minutos. Colar cuidadosamente y embotellar.

Para dar buen color a la sopa de guisante (arvejas) se le agrega unas hojas de espinacas.

Croutons Para La Sopa

Pan duro
Mantequilla o grasa de cerdo

Cortar en cuadraditos un poco de pan duro.

Calentar en una sartén un poco de mantequilla o grasa de cerdo, o la mitad de cada uno.

Cuando esté caliente, dorar el pan dándolo vuelta de vez en cuando.

El Caldo

El caldo es el líquido en que se ha cocinado alguna carne cruda de ave, caza, conejo, pescado o huesos etc.

Para 2 litros de agua se necesita ½ kilo de carne y hervir unas 3 horas.

Recetas de Sopas

Caldo de Ternera

¾ kilo de ternera magra
2 zanahorias
2 puerros
1 ramita de apio y perejil
3 litros de agua fría
Sal al gusto

Poner todo junto al fuego en una olla y cuando empieza a hervir, espumarlo bien.

Dejar hervir el caldo muy lentamente por 3 horas.

Caldo de Pollo

1 pollo
3 ramitas de perejil
2 zanahorias
3 litros de agua
2 tallos de apio
3 cebollas
2 granos de pimienta
Sal al gusto

Lavar bien la pollo y cortarla en presas, como para servir.

Poner en una olla con el agua caliente.

Agregar el resto de los ingredientes y hervir lentamente por 3 horas.

Entonces colar y cuando el caldo esté frío, quitarle la grasa.

Sopa de Cebada y Tomates

1 kilo de tomates
1 cebolla
1 zanahoria
2 cucharadas de harina de cebada

Cortar los tomates, la cebolla y la zanahoria.

Cocinar hasta que estén tiernos. Pisar y pasar por cedazo.

Poner este puré en el agua en que se ha cocinado la verdura.

Agregar la harina de cebada y condimentar a gusto.

Sopa de Tomates y Manzanas

6 tomates grandes o 9 tomates pequeños
3 manzanas sin pelar y cortados en trozos grandes
1 cebolla frita
1 litro de agua
Sal y pimienta al gusto

Poner en una cacerola los tomates y las manzanas y la cebolla frita. Sazonar.

Cubrir de agua y dejar cocinar lentamente hasta que esté tierno.

Pasar por cedazo y volver a calentar.

Si desea menos espeso, se puede agregar más agua.

Una Buena Sopa de Lentejas

½ kilo de lentejas o porotos de manteca (frijoles o alubias)
Un poco de tocino frito
Unos huesos de vaca con un poco de carne
1 ramita de perejil y tomillo
3 cebollas
1 tomate
2 cucharadas de tapioca
2 tallos de apio
2 puerros
2 zanahorias
2 litros de agua fría
Sal y pimiento

Remojar los porotos en agua fría desde la noche anterior y colar.

Poner en una cacerola el agua y todos los ingredientes, menos la tapioca, y hervir hasta que esté todo tierno.

Retirar los huesos y pasar por cedazo los porotos y legumbres.

Hacer hervir, espolvorear con la tapioca.

Dejar cocinar 10 minutos revolviendo continuamente y servir.

Sopa de Maíz

En lugar de maíz se puede usar pescado, salmón, tomate o apio.

1 o 2 tazas de maíz fresco (choclo) rallado
2 o 3 tazas de patatas crudas cortadas
  finamente
1 taza de jamón o tocino saldo en trocitos
1 taza de cebollas picadas
3 o 4 tazas de leche
1 cucharada de perejil
Sal y pimienta al gusto

Se dora el tocino y las cebollas.

Se agrega las patatas y agua suficiente para

cubrirlos.

Se cuece a fuego lento por 30 minutos.

Se agrega el choclo y el perejil y se hierve otros 30 minutos.

Se agrega la leche al momento de servir.

Se sirve con trozos de pan tostado.

Sopa de Apio

1 cabeza de apio
4 cebollas
3 cucharadas de harina
Un trozo de mantequilla
Leche
2 litros de agua
½ litro de leche y además, 1 taza de leche
3 cucharadas de harina
Un trozo de mantequilla
Sal y pimienta al gusto

Cortar el apio en cuatro partes.

Hervir en el agua y la leche junto con las cebollas, la sal y pimienta.

Espumar de vez en cuando y dejar hervir por 2 horas.

Pasar por un cedazo, apretando para que pase la pulpa de la verdura y volver a la cacerola.

Agregar para espesar la harina, mezcladas con una taza de leche y la mantequilla.

Revolver hasta que hierva.

Sopa de Puré de Castañas

25 castañas grandes
¾ litro caldo blanco
3 cucharadas de mantequilla
1 cucharadita de azúcar
1 taza de crema fresca o nata
Sal y pimienta al gusto

Hacer un tajo en cada extremo de las castañas.

Poner en agua hirviendo y hervir por 10 minutos. Luego quitarles el hollejo.

Derretir en una cacerola la mantequilla.

Rehogar en esa mantequilla las castañas pero sin dejar dorar.

Agregar el caldo blanco y dejar cocinar lentamente hasta que las castañas estén tiernas y pasarlas entonces por cedazo.

Volver a calentar la sopa.

Agregar el azúcar y la crema.

Sazonar y servir.

Sopa Rápida

Esta sopa puede hacerse en 30 minutos.

1 lata de tomates
2 tazas de salsa blanca
Sal y pimienta al gusto
Un poco de paprika (opcional)
Mantequilla del tamaño de una nuez

Hacer una salsa blanca y dejar enfriar.

Para la Salsa Blanca:

2 tazas de leche
2 cucharadas de harina
2 cucharadas de mantequilla

Agregar los tomates pasados por cedazo.

Condimentar.

Calentar bien y agregar a último momento un trozo de mantequilla del tamaño de una nuez.

Sopa de Riñones

1 riñón
1 ½ litros de agua fría o caldo
2 cucharadas de mantequilla
1 cebolla grande
1 zanahoria
1 nabo
1 tallo de apio
Un poco de jugo de limón
Sal y pimienta al gusto

Cortar en trozos pequeños el riñón. Quitar la grasa del centro luego lavar, secar y espolvorear con harina.

Calentar la mantequilla y freír la cebolla cortada

en rodajas finas.

Retirar cuando esté dorada y freír el riñón. Agregar agua o caldo y Llevar a la ebullición.

Espumar y agregar las verduras cortadas, las cebollas y dejar cocinar lentamente por 3 horas.

Colar por un cedazo y sacar lo trozos de riñón.

Mezclar un poco de harina con un poco de agua fría hasta que quede cremosa. Agregar a la sopa.

Sazonar y agregar los trozos de riñones revolviendo hasta que hierva.

Agregar un poco de jugo de limón y servir.

Sopa Juliana

2 zanahorias
2 puerros
2 nabos
¼ repollo (corazón)
1 patata
2 cucharadas de mantequilla
2 litros de caldo

Cortar la verdura en tiras muy finitas y poner en una cacerola con la mantequilla.

Dejar cocinar con la cacerola tapada y a fuego lento por 20 minutos.

Agregar entonces el caldo y dejar hervir lentamente hasta que las verduras estén tiernas.

Sopa Mimosa

1 kilo de carne para guisos
2 zanahorias
2 nabos
2 puerros
250 g de judías verdes (chauchas) cortadas finas
2 ½ litros de agua
2 cebollas
1 rama de apio
La yema de 1 huevo duro pasado por un cedazo
Sal al gusto

Hervir las judías con agua, sal y una pizca de

azúcar.

Cortar la carne y la verdura en trozos.

Hervir lentamente en el agua por 2 horas.

Colar el caldo por un cedazo y agregar las judías.

Volver a calentar y antes de servir, agregar la yema de un huevo duro.

Sopa Mulligatawny

1 cabeza y un poco del cuerpo de un bacalao fresco
6 manzanas verdes peladas y cortadas en trozos pequeños
4 cebollas grandes
1 cucharada de postre de azúcar
1 cucharada de polvo curry
Sal al gusto

Hervir el pescado hasta que la carne se separe del hueso pero sin recocer; la carne debe quedar escamosa y firme.

Separar cuidadosamente la carne, y apartarla, tirar la piel y volver a poner los huesos en el agua en que se ha cocinado el pescado, dejándolo cocinar muy lentamente por lo menos una hora más.

Después hervir rápidamente hasta que el líquido se reduzca a la mitad y empiece a espesarse, entonces colarlo pasándolo a un recipiente limpio.

Mientras el caldo de pescado esté hirviendo, dorar en una cacerola las cebollas, cortadas en círculos, agregar el polvo curry, revolviendo rápidamente para evitar que se queme.

Cuando empieza a dorar, agregar unas cucharadas del caldo y revolver rápidamente hasta que hierva y entonces retirar a un costado.

Calentar lentamente el caldo y cuando está por hervir, agregar el curry y cebollas.

Pasar un poco del caldo por la cacerola donde se cocinaron las cebollas para no desperdiciar los jugos y agregar al resto del caldo.

Agregar las manzanas, el azúcar y un poco de sal. Dejar cocinar muy lentamente hasta que las manzanas estén deshechas.

Debe cocinar muy lentamente sin llegar a levantar. Cuanto más tiempo hierve, mejor.

Esta sopa debe quedar de la consistencia de crema liviana, de lo contrario no se habrán hervido lo suficiente los huesos de pescado.

En ese caso se puede espesar con un poco de harina de maíz o harina dorado en mantequilla.

Antes de servir espolvorear unos granos de arroz hervido pero no debe cocinarse en la sopa.

Sopa de Pescado

Pescado - pescadilla, brótola, merluza etc.
150 g aproximadamente de cada una - cebolla, zanahorias, apio y nabo
1 cucharada grande de mantequilla
½ litro de vino blanco
1 ½ litro agua
1 ramito de hierbas compuestas
Sal y pimiento al gusto

Limpiar el pescado.

Saltar las verduras en mantequilla.

Agregar el agua y el vino cuando las legumbres empiezan a tomar color.

Agregar el ramito de hierbas y condimentar. Cocinar por 15 minutos.

Agregar el pescado y hervir lentamente por 2 horas.

Se puede agregar un poco de agua, si hace falta, para mantener la misma cantidad de líquido.

Antes de servir agregar la mantequilla.

Servir con unos croutons.

Sopa de Almeja

1 kilo de almejas
1 vaso de agua
1 cebolla picada
Un poco de mantequilla
1 litro de agua
1 yema de huevo
Sal y pimienta al gusto

Limpiar bien las almejas. Ponerlas en una cacerola con el agua y hervir por 5 minutos.

Dorar la cebolla en mantequilla.

Colar el agua de las almejas y volver a poner el caldo en la cacerola.

Agregar las cebollas, el litro de agua, las almejas sin las conchas y un trozo de mantequilla. Sazonar.

Dejar hervir por 15 minutos.

Desleír una yema de huevo en la sopera con un poco del caldo. Luego agregar el resto del caldo.

Servir con trozos de pan frito.

Sopa de Rabo

1 rabo de vaca
3 litros de caldo o agua
1 zanahoria
1 cebolla
1 tallo de apio cortado finamente
½ taza de tomates cortados
6 clavos de olor
16 g de pimienta
1 hoja de macia
1 hoja de laurel
1 ramita de perejil
1 ramita de tomillo
1 cucharada de mantequilla
4 cucharadas de harina
1 cucharadita de ketchup
1 taza de clarete
Sal y pimienta al gusto

Lavar el rabo y cortarlo en trozos pequeños.

Derretir la mantequilla en la cacerola.

Agregar el rabo y cuando empieza a dorarse, agregar la cebolla picada.

Freír hasta que la cebolla esté bien dorada, agregar la harina y freír un poco más.

Agregar entonces el caldo o agua, el apio, los tomates, el clarete y el tomillo, perejil y laurel atados juntos. Sazonar.

Dejar hervir lentamente por varias horas.

Cuando esté a punto, retirar el ramito de hierbas, separar la carne de los huesos del rabo.

Servir un poco de carne en cada plato con la sopa.

Sopa de Arvejas

125 g de zanahorias
50 g de apio
340 g de arvejas partidas (remojadas desde la noche anterior)
125 g de cebolla
1 cucharada de azúcar morena
4 litros de caldo o agua
Sal y pimienta al gusto

Freír las verduras y dorar en un poco de la grasa obtenida del caldo.

Luego agregar el caldo y los condimentos. Hervir lentamente por 3 horas.

Agregar el azúcar y hervir 15 minutos más.

Colar por un cedazo.

Servir con tostaditas cuadradas.

Recetas de Sopas de Crema

Receta Maestra
para una Sopa Cremosa

Utilizando esta receta como base se obtiene una gran variedad de deliciosas sopas.

3 cucharadas de harina
3 cucharadas de mantequilla
2 tazas de leche
Sal y pimienta al gusto
1 taza de agua en que se ha cocinado la verdura, o caldo
Pulpa de verduras

Derretir la mantequilla al baño María.

Agregar gradualmente la harina hasta formar una pasta gruesa.

Condimentar y mezclar bien.

Agregar la leche, la pulpa de verdura y la taza de caldo.

Cocinar unos 20 minutos, revolviendo continuamente hasta que se espese.

Pulpa de verduras:

Se puede utilizar la pulpa de tomates, guisantes, (arvejas) patatas, espárragos, hongos y zanahorias.

Sopa Crema de Espárragos

50 espárragos (2 atados)
1 ½ litros de caldo
2 cucharadas de mantequilla
2 cucharadas de harina
1 cucharadita de azúcar
Condimentar a gusto

Raspar y lavar los espárragos y hervir hasta que estén tiernos.

Colarlos y guardar una taza del agua en que se han cocido.

Cortar las puntas de los espárragos y apartarlas.

Pasar el resto de los espárragos por un cedazo y agregarle el caldo.

Sazonar y dejar hervir un momento.

Derretir la manteca, agregar la harina y después la taza de agua en que se han cocinado los espárragos.

Hacer una pasta y luego verterla en el caldo para espesarlo.

Agregar las puntas de los espárragos y servir.

Sopa de Crema de Maíz

2 tazas o 1 lata de choclo (maíz) rallado
Caldo
1 cebolla pequeña cortado en trozos

Cubrir el maíz con caldo.

Agregar la cebolla y dejar cocinar lentamente hasta que esté cocido.

Hacer una taza de salsa blanca con los siguientes ingredientes:

2 cucharadas de mantequilla
3 cucharadas de harina
1 taza de leche
Sal y pimienta al gusto

Agregar esta salsa blanca a los choclos y caldo y sazonar.

Si resultara espesa, puede agregarse a la sopa más caldo o leche.

Sopa Crema de Calabaza

½ kilo de calabaza
½ kilo de cebollas
Caldo o agua
½ taza de leche
2 cucharadas de crema fresca (opcional)
Un trozo de mantequilla
Un poco de queso rallado (opcional)
Sal y pimienta al gusto

Hervir los ingredientes en caldo o agua hasta que esté tierno y entonces colar.

Agregar la leche y también la crema si desea.

Llevar a la ebullición.

Luego agregar un trozo de mantequilla, espolvorear con queso rallado y servir.

Sopa Crema de Remolacha

Esta sopa tiene buena presentación por su color rosado.

1 remolacha
1 cebolla
1 litro de buen caldo o caldo y leche en igual cantidad

Lavar, hervir y pelar la remolacha y la cebolla. Cortar en rebanadas.

Poner en una cacerola con el caldo.

Cocinar lentamente hasta que la remolacha y cebolla estén tiernas.

Condimentar y colar.

Servir bien caliente.

Sopa Crema de Pimientos Rojos con Jengibre

2 pimientos rojos grandes
2 zanahorias
2 cebollas medianas o puerros
2 dientes de ajo machacado
1 lata de tomates picados o 2 cucharadas grandes de puré de tomates
2 cucharadas de mantequilla o aceite de oliva
1 litro de buen caldo de verdura o de pollo
1 cucharadita de azúcar negra
1 cucharadita de jengibre (puede variar la cantidad según desea)
Un poco de crema fresca o nata
Sal y pimienta al gusto

Preparar la verdura. Cortar en trozos.

Rehogar la verdura en 2 cucharadas de mantequilla o aceite de oliva.

Cuando la verdura esté blanda agregar el caldo y el jengibre y hervir a fuego bajo hasta que esté cocinado.

Agregar el azúcar negra.

Pasar por la licuadora hasta que se haya formado una crema. (Algunos lo prefieren menos cremoso.)

Volver a la cacerola y calentar un poco si hiciere falta.

Luego agregar la crema la cual le da una textura muy suave y le da un sabor delicioso.

Sopa Crema de Apio

2 cucharadas de mantequilla
1 apio blanco
1¼ litros de caldo
¼ litro de leche o 7 cucharadas de crema fresca
3 cucharadas de harina

Lavar, secar y cortar fina la parte blanca del apio.

Poner la mantequilla en una cacerola al fuego y cuando esté caliente y antes de que hierva, echar el apio, tapar la cacerola y dejar cocinar a fuego muy lento por 10 minutos, revolviendo de vez en cuando y cuidando que el apio no se dore.

Retirar entonces, del fuego.

Agregar la harina y mezclar bien con un cucharón de caldo frío.

Agregar después 1 litro de caldo hirviendo y dejar cocinar lentamente hasta que el apio esté tierno, aproximadamente 20 minutos.

Agregar entonces la crema o leche cruda y calentar bien la sopa cuidando que no vuelva a hervir.

Consomé de Crema de Lechuga

8 tazas (2 litros) de caldo de pollo
3 cucharadas de mantequilla
3 cucharadas de harina
½ taza de crema fresca
3 plantas de lechuga
Sal al gusto

Preparar el caldo de pollo. (Para 2 litros de agua se necesita ½ kilo de carne y hervir unas 3 horas). Dejarlo enfriar y desengrasarlo.

Poner en una cacerola la mantequilla. Agregar la

lechuga cortada muy fina.

Dejarlas rehogar unos minutos.

Agregar la harina y el caldo y dejar cocinar por 1 hora revolviendo de vez en cuando.

Al cabo de este tiempo, colarlo y agregar la crema de leche.

Sazonar con sal y servirlo en tazas. En cada taza se le pondrá como guarnición un poco de lechuga cortada fina y previamente frita en mantequilla.

Sopa de Crema de Hongos

250 g de hongos
1 taza de crema fresca o nata
2 cucharadas de mantequilla
1 taza de jerez
6 tazas (1½ litro) de caldo
2 a 4 cucharadas de harina
Un poco de cebolla picada
Sal y pimienta al gusto

Pelar los hongos y cortarlos en trozos grande. Lavarlos y escurrirlos.

Derretir en una cacerola la mantequilla.

Agregar los hongos y después las cebollas.

Cuando estén tiernos, pero no dorados, agregar la harina y mezclar bien.

Verter encima el caldo. Sazonar con sal y pimienta.

Dejar cocinar lentamente por 20 minutos.

Agregar la crema y hervir por 1 minuto.

Agregar el jerez y cuando está a punto de hervir nuevamente, retirar del fuego y servir.

Sopa Crema de Cebolla

½ kilo de cebollas rehogadas en mantequilla
½ taza de arroz
½ taza de leche
2 cucharadas de crema fresca (opcional)
Un trozo de mantequilla
Un poco de sal y pimiento

Hervir los ingredientes en caldo o agua hasta

que esté tierno y entonces colar.

Agregar la leche y también la crema si desea.

Llevar a la ebullición.

Luego agregar un trozo de mantequilla y servir.

Sopa de Pollo con Crema

1 taza de arroz cocido
6 tazas de caldo de pollo
2 cucharaditas de perejil picado
1 taza de crema fresca o nata
Sal al gusto
Pimienta blanca al gusto

Cocinar lentamente el caldo con el arroz por 10 minutos.

Agregar la crema, el perejil picado, la sal y la pimienta.

Volver a calentar sin hervir y servir.

Sopa de Tomate

8 tomates medianos cortados o 2 latas de jugo de tomate
1½ litros de caldo o agua
1 hoja de laurel
1 cebolla picada
3 cucharadas de copos de avena
1 taza de leche o ½ taza de crema fresca o nata
Sal y azúcar al gusto

Cortar los tomates y cocinar en el caldo por 30 minutos.

Agregar los copos de avena y hervir lentamente

por 1 hora más.

Colar por un cedazo y agregar, en el momento de servir, la crema fresca o la leche.

Servir con croutons fritos.

Sopa Reina Victoria

(Su sopa favorita)

Ingredientes para 12 personas:

3 pollos gordas o pollos.
Caldo concentrado de ternera
1 ramo grande de perejil
2 pancitos de pan
4 yemas de huevo duros
1 litro de crema fresca

Quitar la piel de las aves y limpiar muy bien en agua caliente. Ponerlas en una cacerola. Agregar el ramo de perejil.

Cubrir con abundante caldo concentrado de ternera y cocinar por 2 horas.

Remojar en este caldo la miga de los panes

Separar la carne de las aves y machacar la carne en un mortero junto con la yema de los 4 huevos duros y el pan remojado.

Pasar estos ingredientes a través de un cedazo grueso.

Agregar la crema y volver a calentar pero no hervir, para servir.

Sopa de Crema de Cebada

2 cucharadas de cebada perlada
1 litro de caldo
1 cucharada de cebolla rallada
¼ cucharadita de semilla de apio
1 hoja de laurel
½ litro de leche
1 cucharada de manteca
2 cucharadas de harina

Hervir muy lentamente por 2 horas, el caldo con la cebada. Sazonar y dejar cocinar por 30 minutos más.

Mientras tanto, preparar una salsa con la mantequilla, la harina y la leche.

Mezclar con el caldo. Colar y servir.

Estimado Lector:

Nos interesa mucho tus comentarios y opiniones sobre esta obra. Por favor ayúdanos comentando sobre este libro. Puedes hacerlo dejando una reseña al terminar de leer el mismo en tu lector de libros electrónicos o en la tienda donde lo has adquirido.

Puedes también escribirnos por correo electrónico a la siguiente dirección: info@editorialimagen.com

Si deseas más libros como éste puedes visitar el sitio de Editorial Imagen para ver los nuevos títulos disponibles y aprovechar los descuentos y precios especiales que publicamos cada semana.

Allí mismo puedes contactarnos directamente si tienes dudas, preguntas o cualquier sugerencia. ¡Esperamos saber de ti!

Más Libros de Interés

Recetas Mexicanas Tradicionales - Descubre las mejores recetas de cocina mexicana.

En este libro encontrarás una selección de las recetas más populares y deliciosas de esa nación incluyendo: Carnes, Pescados y Mariscos, Arroz, Sopas, Verduras, Salsas, Entradas, Tortillas, Postres y Dulces, Bebidas.

Recetas de Carnes - Selección de las mejores recetas de la cocina británica.

La carne es la protagonista en la mayoría de los platos de muchas culturas y naciones del mundo. Se ofrece más de 90 de las más populares recetas inglesas de diversas carnes que incluyen también aves y caza, tartas con carne, recetas de carne con gelatina, salsas para acompañar a las carnes y además, rellenos para las carnes.

Recetario de Tortas con sabor Inglés

Si buscabas recetas de cocina británica este libro es para ti. El mismo contiene una selección de recetas de tortas con sabor inglés. Este recetario incluye 80 recetas para toda ocasión, las cuales van desde lo más sencillo hasta lo más especial, como por ejemplo, una boda.

Cupcakes, Galletas y Dulces Caseros: Las mejores recetas inglesas para toda ocasión.

En este libro de recetas encontrarás una selección de casi 100 de las más populares recetas inglesas con las cuales podrás sorprender a tu familia o tus invitados, ofreciendo un detalle sabroso que seguro apreciarán.

Recetas Vegetarianas Fáciles y Baratas - Más de 100 recetas vegetarianas saludables y exquisitas para toda ocasión.

Si buscabas recetas de cocina vegetariana este libro de recetas veganas es para ti. Es un recetario que contiene una serie de platos sin carnes ni pescados, con una variedad de recetas de Verduras, Huevos, Queso, Arroz y Ensaladas. Todas las recetas, además de ser saludables, son fáciles y rápidas de preparar.

Las Más Fáciles Recetas de Postres Caseros

Esta selección contiene recetas prácticas que, paso a paso, enseñan a preparar los postres, marcando el tiempo que se empleará, el coste económico, las raciones y los ingredientes.

Cómo Adelgazar Comiendo

Se dan varias estrategias que te ayudarán a deshacerte de esos kilos de más, para siempre – ¡sin pasar ni un solo día de hambre!

• La verdadera razón por la cual las dietas no funcionan para ti y los muchos mitos sobre la pérdida de peso.

• Aprende cómo puedes mantener tu peso ideal fácilmente, mantenerte en forma y saludable por largo tiempo.

• Conoce las mejores recetas para bajar de peso.

• Y mucho más.

www.ingramcontent.com/pod-product-compliance
Lightning Source LLC
LaVergne TN
LVHW011740060526
838200LV00051B/3273